REMEDIOS CASEROS

SONÁMBULOS
—— EDICIONES ——

REMEDIOS CASEROS
Colección MACASAR

Primera edición: febrero de 2024

© De los poemas ¬ Juan Bello Sánchez
© Fotografía de portada ¬ Lara Abeledo
© Cerámica de portada ¬ Iria Cortizo
© Diseño de la colección ¬ Daniel Fajardo
© SONÁMBULOS Ediciones

Esta obra ha recibido una ayuda a la edición
del Ministerio de Cultura y Deporte

www.sonambulosediciones.com

ISBN: 978-84-127065-6-7
Depósito legal: GR 97-2024

Impreso en España

REMEDIOS CASEROS

JUAN **BELLO SÁNCHEZ**

MACASAR
COLECCION

el recuerdo lo envuelve todo,
se lleva más de lo que da

La Maravillosa Orquesta del Alcohol

SATISFACCIÓN

Memorizo los cuerpos perfectos
acostados en los jardines de la Alameda.
El heladero tiene trabajo.
Rápidos giros de muñeca, una o dos bolas,
helados como los de antes.

El tiempo no ha pasado.
Miro la estatua en el estanque,
en su brazo inmóvil una paloma.
Es todo el cielo.
Familias enteras pasean, mezclan las voces.
Ligera brisa, no intimida a las hojas,
sostenidas en el aire.

Inspiro ese aire, lleno mis pulmones.
Cuesta encontrar un banco vacío.
Merodeo entre ese calor
que se repite cada tarde, insistiendo.
La fuente empuja el agua.
Los corredores dan vueltas
y da vueltas la mirada.

Todo es muy preciso.
La hierba tiene suficiente luz
y así la dejo.
Después de más de cincuenta años
los Rolling Stones aún cantan «Satisfacción».
Y aunque parece imposible,
a veces la alcanzo.

CALCETINES

Las últimas cartas que he recibido
están sobre el escritorio.
Aún no he decidido dónde guardarlas.
En una caja conservo postales antiguas
de lugares que no he visitado.
En otra, estampas de santos
y cupones de lotería no premiados.
Hay cosas que no deben mezclarse.
Por ejemplo, el azar y la memoria.

Mi madre lava a mano los calcetines de lana.
Son prendas delicadas.
No todo el mundo sabe cómo cuidar ciertas cosas.
A la gente se le mueren las plantas,
se le mueren los animales de compañía.
Se preguntan por qué.
La ropa necesita atención.
También las plantas.
También la memoria.

PATATAS

Un hombre empuja una carretilla
con varios sacos de patatas.
Se detiene varias veces antes de llegar a la tienda,
que aún está cerrada.
Me pregunto si cuenta los pasos entre cada parada,
un número exacto antes de cada descanso.

Mi madre dice que al pelar patatas
la monda debe ser lo más delgada posible
para no desperdiciarlas.
Nada está dejado al azar.
En un cubo están las mondas
y en otro las patatas.
Algo me dice que en todo hay un equilibrio,
aunque ahora los días
sean más cortos que las noches.

LA INFANCIA

Necesitábamos certezas.
La vida era algo que ocurría a nuestro alrededor,
sin tocarnos.
El tiempo carecía de peso,
se acababa y volvía a empezar.

Nadie se preguntaba qué pasaría con el alma,
el cuerpo era lo único que conocíamos.
La casa era el refugio.
Fuera de la casa,
el mundo se retorcía, se estiraba.
¿Por qué quisimos salir?

No quisimos, fuimos arrojados.
Ahora sabemos que podemos volver,
pero volver significa revivir ciertas cosas.
El pasado está en cualquier sitio.

¿Qué se hace con lo que dejamos atrás?
Uno no puede desprenderse de eso,
tampoco puede volver a utilizarlo.

CONVERSACIONES

Mi padre me llevaba a la estación.
Yo corría por el andén
sin que ninguno de los dos supiese
qué era lo que estaba persiguiendo.
Mi padre charlaba con el encargado de seguridad,
la tarde caía o se levantaba.

Mientras, mi madre trabajaba.
Era telefonista.
Conseguía que dos personas separadas por un océano
pudiesen hablar durante un rato.
Unos minutos o una hora.

A veces me habla de cuando se iban sin pagar.
Del pitillo que salía a fumar y nunca terminaba.
De las propinas.
No sé si añora aquellos años.
No sé si sabe qué es lo que yo perseguía.
Lo que sigo persiguiendo.

MORAS

Me acuerdo de una tarde volviendo de la playa,
cogíamos moras que crecían a los lados del camino.
Me había picado una faneca
y me costaba caminar.
Seguramente el sol se iba diluyendo
y poco a poco refrescaba.

La memoria no puede estar segura de todo,
pero se esfuerza por completar el relato.
Es su versión de los hechos,
no muy distinta de la nuestra.

Yo caminaba con dificultad
como se camina a través de un recuerdo,
solo que esta vez la razón estaba clara:
el dolor intenso de la picadura,
el camino empinado.
Al llegar a casa
introduje el pie en agua hirviendo
hasta que el dolor desapareció.

Así trabaja la memoria:
los dolores del pasado se sienten en el presente.
El sol se va diluyendo
y poco a poco refresca.
Después el dolor desaparece.

DICIEMBRE

Hoy es el día más frío del año.
Lo han dicho por televisión
y nosotros no hacemos preguntas.
En la calle,
el semáforo se convierte en una atracción
para todo lo que está de paso:
el tráfico, las estaciones.

No nos quedamos demasiado tiempo
en ningún lugar.
Sabemos que se producen algunos cambios:
día de sol, día de lluvia.
Es parte de nuestra historia.
El miedo a perder
es lo que hace que sigamos alerta,
deleitándonos ante la luz
del día que termina.

SANTOS

Antes podíamos entrar en una iglesia,
sentarnos y esperar.
Dábamos gracias
por que el pasado se mantuviese intacto,
por que el futuro coincidiese con nuestras expectativas.

Los marineros tenían santos y chubasqueros amarillos
para protegerse cuando había mala mar.
Los santos hacían su trabajo.

Nosotros teníamos la culpa.
También la fe.
Tener fe es apagar la luz y buscar a tientas
lo que creíamos que siempre estaría ahí.

Las expectativas, muchas veces, no se cumplían.
Nos culpábamos, escuchábamos.
Escuchar es ponerle nombre a un vacío,
es cambiar lo que se dice por lo que se ve.
El perdón llegaba más tarde.

LA NIEBLA

Alguien me contó que las arañas
tejen sus telas los días de niebla.
No necesitan luz para trabajar.

Esta mañana la niebla impedía ver la calle,
así que la calle podría ser una conversación
que alguien dejó para otro momento.

La vida se construye
a partir de asuntos que posponemos
y brazos que nos sostienen.

La niebla se disipó sin que me diese cuenta,
como todo lo que no se preocupa
del paso del tiempo.

El sol, ahora,
da contra las paredes blancas de las casas,
y lo que se supone que nos ayuda a ver
no lo hace.

LA MECEDORA

El piso de alquiler, el verano.
La mecedora dándole la espalda a la ventana,
desde donde solo se veía
un edificio de tres plantas y paredes grises,
un pequeño trozo de cielo,
más ventanas.

Me sentaba en ella a leer,
muy temprano.
La mañana aún no era parte del tiempo.
La luz entraba, después salía.
Dejaba entreabierta la puerta del armario,
los libros sobre la mesilla de noche.

Nunca buscaba la noche.
Esperaba.
La tarde se movía dentro del tiempo
igual que un animal
que se arrastra hacia su madriguera.

La luz salía, después entraba.
La casa escondía aquí y allá
algunas cosas que me pertenecían.
Sabía que las encontraría,
si quisiera.

CASAS

Paseo y ocupo sitios
que han sido desocupados para mí.
Nadie en las habitaciones, se hace difícil pensar
que hubo tiempo para el deseo.

Hubo tiempo,
pero el tiempo se malgastó o se perdió,
como otras tantas cosas que se pierden
en los cajones o en los maizales.

El pasado es una casa con la puerta despintada.
Si enciendo la luz
acabo volviendo sobre mis pasos,
en el recuerdo volver es ir hacia adelante.

Uno puede salir de una casa
buscando algo o dejando atrás algo.
Malgasto el tiempo o lo pierdo.
¿Cómo se abandona un lugar abandonado?

LOS VERANOS

Primero pasaban muy deprisa,
después demasiado despacio.
El tiempo podía ser arrancado de raíz,
podían dejarnos sin nada.

Mucho sol. El mar se presentaba
como algo que había que resolver,
luego como algo ya resuelto.
Todo lo que creía perdido
en realidad estaba en uno de mis bolsillos,
protegido como un amuleto.

¿Qué es lo que pasa con la infancia?
Hacemos que sea lo que queremos que sea.
Una cancioncilla, un llavero con una inicial.
Los barcos fueron sustituidos
por comercios cerrados, por pilas de libros.

Mucho sol. La ventana abierta
recogiendo el calor
que luego se volvería insoportable.
Tenía que esperar a que pasara.
Tenía que fingir que aún esperaba algo.

ALAMEDA

El paseo tiene forma de herradura.
Así empieza y acaba nuestra suerte.
Los árboles dirigen el sol y la mirada
hacia ellos.
Nadie discute su verdad.

A mi padre, cuando era un niño,
le atacó un pavo real.
Los colores vivos nos atraen.
Ahora solo quedan unos pocos patos,
nuevas estatuas dedicadas a escritores
esperando que el musgo las reconozca.

Las castañas caídas estorban el camino.
Las hojas mojadas se pegan a los zapatos.
Los niños siguen sorprendiéndose
al ver los patos y los juegos de agua
en el estanque.
Mi padre quiere acariciar al pavo real.
No puede.

LA SUERTE

La ciudad mengua a medida que camino.
Me detengo un instante.
Contemplo el árbol
que nos gusta más cuando no tiene hojas
y sus ramas parecen suplicar al cielo.

La cola en la administración de lotería
llega más allá de mi vista,
la musiquilla del semáforo tropieza con el aire.
Doy la vuelta.

Le echo una moneda a un mendigo,
sigo andando.
El momento está punto de pasar,
llevándose consigo el aroma afrutado
que sale de la tienda de té.

No es este un paisaje
del que haya mucho que decir.
Me siento seguro.
La luz salta en respuesta a alguien.
El frío va más allá del parque,
se cuela en alguna casa
con su pasamontañas oscuro.

Temo perder esta sensación de calma.
Basta un paseo
para no saber cómo seguir.
Una gaviota chilla justo antes
de que la mirada la olvide.
Entonces pienso en el mar.

PLENO INVIERNO

La noche se nos echa encima, rápida.
Todo se ha perdido, todo ha ido a parar
a un lugar del que poco sabemos.
La calle está vacía,
los bancos, desocupados.

Ausencias. Cada vez son más,
cada vez hablan de más asuntos
dados por cerrados.
Ya no podemos reunirnos,
discutir sobre ciertos temas.

Pleno invierno,
ahora los días son más cortos.
Las calles no confluyen en el mismo punto
en el que lo hacían antes.
Todo ha cambiado, todo se ha perdido.
Aunque tenemos la memoria
no sabemos cómo utilizarla.

AMANECER

Hay una claridad en la mañana
que se ha de dar por sentada,
un tipo de luz.
Distinguimos el día de la noche
por la decisión con la que actúan las cosas.

El sol aparece desde detrás de algo,
lo que tiene que ser visto se muestra,
todo recupera su función.

Aprendí otras cosas sobre la claridad,
cómo hace esto o aquello
antes de asentarse definitivamente.
Incluso en los días de lluvia,
cuando el cielo es un cuarto cerrado.

Difícil pensar que la noche termina.
También en esos momentos
la luz es capaz de revelarnos algo.

LAS POSESIONES

Hay muchas cosas,
demasiadas incluso para la ciudad.
Dejo que el café termine de hacerse
y salgo al balcón.

No estoy interesado en el café,
solo en ese intervalo de tiempo que se estrecha,
en lo que podría decirse
y lo que podría perderse si no se dice.

Hay demasiadas cosas a mi alrededor, ciertamente.
No me pertenecen,
pero las tomo como si por un instante
pudiera ser dueño de algo.

El televisor está encendido.
Me pregunto si la imagen
será lo suficientemente nítida,
como pensaba que tendría que ser
el final del día.

EL BARCO

El comentarista deportivo hizo una pausa
antes de decir que nunca había visto nada igual.
El azar nos reúne y nos separa,
nos reúne de nuevo.
Somos polvo de estrellas, según la canción.

El sol se pone.
La oscuridad de la noche no esconde nada detrás,
no nos pertenece.
La costumbre es abandonar cosas,
dejar que sean otros los que las recojan.

Hace tiempo compré un barco en un mercadillo.
Uno de sus mástiles está roto,
pero se sostiene.
Hay que fijarse mucho para darse cuenta.
Lo mismo que con aquello
de lo que uno cree estar demasiado seguro.

EL ESTANQUE

Vine hasta aquí
para saber que el tiempo es confortable.
Lanzo una piedra al estanque
y veo cómo se forman las ondas,
rodean todo lo que abarca la memoria.
Agua estancada, sucia,
no hay ninguna belleza aquí,
y, sin embargo, continúo mirando.

Las ondas ya han desaparecido,
una rana croa entre las hojas muertas
que flotan en el agua.
No se distingue nada en el fondo,
barro apenas.
Otros, con ese mismo barro, podrían crear
figuras hermosas, recipientes útiles.

¿Son esos todos los cambios?
El tiempo es confortable.
Ondas que desaparecen,
la rana que solo está ahí porque estoy yo,
las hojas muertas que volverán a morir
dentro de unos meses.
Y la piedra que lancé ahora
y se hundió hace años.

MANCHAS

Le enhebro una aguja a mi madre.
Está perdiendo vista y cada vez le cuesta más.
Durante años hizo chaquetas de punto
para amigas con bebés,
pero ya no recuerda cómo se hacen.
Ahora solo hace pequeños arreglos.
Le cose un botón a la camisa de mi padre
o zurce un bolsillo que empieza a deshilacharse.

Cuando volvemos de tomar café
camina arrimada a los edificios,
protegida por sus cornisas.
La claridad me molesta, me dice,
no veo más que manchas de cuerpos
andando a nuestro lado.
¿Quién le ordenó al tiempo que pasara?
Solo se oye el viento
cerrando alguna puerta.

LA MAÑANA

Pongo el canal de noticias 24 horas,
veo cómo un edificio se derrumba.
*La muerte no existe porque de alguna forma
solo la vida existe*, escribe Jorge Galán.
Entonces dejo de pensar en la muerte.

Apago el televisor.
Mirar toda esa oscuridad
es como no mirar nada,
como intentar recordar a alguien
que nunca existió.

En la oscuridad los recuerdos se afianzan
como garras de animales,
hacen agujeros en la tierra,
dejan sus propias marcas.

La mañana empieza siempre
por el mismo sitio.
Los primeros ruidos son incontestables,
siguen sin contestar.

Bajo la luz de una farola
alguien queda retenido un instante.
Muchos hablan de la eternidad,
pero es lo fugaz lo que realmente nos atrae.

EL ESCAPARATE

Hojeo un libro.
A veces cuesta concentrarse en algo.
Las cosas están quietas, esperan que las mire.
La casa está vacía,
el silencio es el hilo conductor, el pasillo.

Me acerco a la ventana.
Un hombre camina con zancadas cortas.
Donde termina el hombre empieza su sombra.
La sombra no es el hombre, pero se le parece.
Siempre hay alguien actuando como nosotros.

La sombra se detiene o se detiene el hombre.
Está mirando algo. Algo se escapa de su mirada
y yo no puedo ayudarlo con eso.
Me separo de la ventana.
El hombre y la sombra retoman su camino.
Creo que a veces coinciden,
pero no siempre.

PRIMAVERA

Olor a hierba recién cortada,
el olor de lo muerto.
Sopla el viento, se lleva consigo
palabras reconocibles, sucesos.
El sol insiste en que siempre estuvo ahí
para nosotros.

Tengo mis dudas.
Nos preparamos para abandonar
y ser abandonados.
Cuando ya no podamos recordar
será el momento de buscar y descubrir.

Tiempo cambiante ahora,
los árboles enseñan todo lo que saben hacer.
La hierba se dobla bajo mis pies,
después recupera su posición original.
Nadie parece sorprendido.

SUPERSTICIONES

La incertidumbre me aterra.
Meto la mano en el bolsillo del pantalón.
En los bolsillos puede haber
monedas, amuletos, llaves.
Me gusta saber lo que me voy a encontrar.

Mi madre me daba un diente de ajo
para que lo llevara en el bolsillo,
para tener suerte.
Todo se volvía una cuestión de fe, al final.
Incluso lo que se perdía
lo hacía para poder ser encontrado.

La gente que vive en el campo
sabe que hay una hora para sembrar,
una hora para recoger lo sembrado.
Nosotros, que vivimos en un piso en la ciudad,
tenemos nuestra pequeña porción de cielo,
suficiente para saber qué día hará.

Día soleado,
mi madre tiende la ropa en el balcón.
A mediodía recogerá las prendas que estén secas
y al resto les dará la vuelta.
Los bolsillos son lo que tarda más en secar.

LOS MALES DEL CUERPO

Dolor de espalda, días fríos.
Cuando se vuelve más intenso
provoca en mí una sensación de mareo.
Todo es demasiado inestable,
menos para él.

Una tarde cualquiera iniciamos una conversación,
la dejamos a medias.
Las palabras son puentes.
A la gente no le gustan los puentes
o le dan miedo.

Eso es lo que se puede observar.
Los males del cuerpo, viejos engranajes, penas.
Hay cosas que salvar y que no salvaremos.
Como el mar,
el cuerpo solo insiste en desgastarse.

LA CAMISA

Hace falta un barco en el mar,
escribe Eugénio de Andrade.
Puede que tenga razón.
Veo lo que me ofrece la calle,
una calle tranquila, excepto por el tráfico.

Lo que no se ve
ocupa lo mismo que lo que se ve.
Unas cosas son sustituidas por otras.
La ropa en el armario, por ejemplo,
las bombillas cuando dejan de funcionar.

Veo la estela que dejo tras de mí,
soy un barco que aún no alcanza a ver el puerto.
La mitad de la vida, aproximadamente,
un tajo que parte una fruta en dos.
¿Con qué trozo prefiero quedarme?

Dudo. Dedico demasiado tiempo
a lo que no se ve.
El mar. El puerto. El cuerpo en la camisa
que cuelga de una percha.

UN TINTINEO

En el antiguo Café Paradiso
hay pequeñas botellas de licores
y otras bebidas alcohólicas,
como las que hay en los minibares
de algunas habitaciones de hotel.
Ocupan parte de la pared tras la barra,
la otra está recubierta de espejos.

Huele a frituras, como si alguien
hubiese terminado de comer hace poco,
recién recogidos los platos.
Un joven lee a solas en una mesa,
dos jóvenes extranjeras ríen,
la mujer que nos atiende es amable.

Cuando salga de allí la luz será otra,
acogedora y vieja dentro,
ingobernable fuera.
Alargo ese momento
aunque mi taza está vacía,
giro la cucharilla y tintinea.

Es solo otro ruido,
uno que sumar al resto.
Nadie presta atención
a quien provoca el tintineo
porque no hay nada que decir,
no hace falta decir nada.

PEREGRINOS

La vida involucró encrucijadas de caminos,
también separaciones.
El tiempo se encargó de corregir
todo aquello en lo que estábamos equivocados,
incluidas las expectativas.

Nos habíamos vuelto livianos,
peregrinos que dejan un lugar
y se dirigen a otro.
Nuestro único propósito era el movimiento,
no importaba lo que pudiéramos descubrir,
lo que pudiéramos encontrar.
Muchas posesiones dejaron de serlo.

Me pregunto qué será lo siguiente.
¿Alguien hablará de nosotros
con la voz quebrada por la emoción?
¿Alguien conservará
lo que reunimos y abandonamos?
¿Tendremos que subir una escalera,
cruzar un pasillo?
¿Llamar a una puerta, desaparecer?

NADADORES

Creo que Kafka hablaba a menudo de nadar.
Nadar no significa ir hacia alguna parte.
No es un día claro,
pero tampoco invita a pensar en la lluvia.

En la ventana
siempre es otro el que está mirando,
otro el que se hace las mismas preguntas
que me hago yo.
¿De qué puede servirme nadar ahora?
¿Quién traerá algunos pensamientos hasta aquí?
Más lejos, ¿habrían sido certezas
esos pensamientos?

El nadador desea avanzar,
el sol desea avanzar.
Señuelos, obstáculos, sobras de otras nubes,
el sol también tropieza y se oculta.
Empieza a lloviznar.

EL CARTEL

No coger la fruta sin guantes,
eso es lo que dice.
Miro hacia fuera de la frutería,
hacia fuera de mí.
Las horas de luz, que cada vez son más,
vuelven a parecer insuficientes.
La gente que pasa por la calle
confirma su transitoriedad.

En las cajas se amontonan las frutas
que algunos desechan
después de observarlas en silencio.
Repartidas por la tienda,
las bombillas esculpen formas de cosas rotas.
Podría juntar los pedazos,
pero no he venido a eso.

Lleno una bolsa con naranjas.
La tendera pesa la bolsa,
calcula el tiempo perdido.
Seguramente sus manos son ásperas, sabias.
Los guantes me dejan con la duda.

EL CAMINO

Las fotografías hablan en voz baja,
solo para el que quiera escuchar.

Los álbumes se amontonan
en uno de los muebles de mi habitación.
La boda de mis padres,
las primeras comuniones y los bautizos,
algunas fiestas de cumpleaños.
Días que se conservan en formol.

Mi madre dice
que deberíamos echarles un vistazo.
Comprobar que la humedad
no los ha estropeado.

Creo que en verdad lo único que quiere
es volver a algunos sitios.
Pregunta por el camino.
No sé decirle.

HOJAS SECAS

Los operarios municipales amontonan las hojas caídas.
No hacen distinciones, colores o formas, tamaños.
Eso lo hacemos nosotros,
tenemos ese poder.
Ordenamos la casa, ordenamos los vacíos.
Ninguna cosa ocupa un lugar que no le pertenezca.

Un paseo a media mañana no trae nada de vuelta.
Me resigno.
A estas alturas del año el sol no calienta.
Es esta estación, nuestras costumbres.

Los árboles se dejan llevar.
Donde antes había hojas ahora hay ausencias.
Los operarios continúan con su tarea.
Recortan algunas ramas, le hacen sitio al cielo.
Un trabajo fácil.

LA ATALAYA

Una pareja de ancianos camina de la mano,
regresa del cementerio
de visitar a algún familiar o simplemente
de buscar un poco de silencio.

Una mujer friega las escaleras de su casa
mientras un hombre
escucha las noticias en la radio.

Sin proponérselo,
como las cruces del cementerio
o los postes de la luz,
todos ellos han pasado a formar parte del camino.

Me siento a descansar en el murete de la atalaya,
dándole la espalda al mar.
La luz pasa de unos a otros,
ahora que el sol ha subido lo suficiente.

El tiempo es solamente una astilla
buscando carne donde poder hundirse.

REMEDIOS CASEROS

Miel y orégano para la garganta.
Mi madre preparaba la infusión
en una jarra antigua que dejaba en la cocina.
Era frecuente que mi hermano la tomase,
sobre todo en tiempo de frío.

Ella siempre pensó que le fallaría la memoria,
igual que a su madre.
Por eso tomaba un puñado de nueces cada día.
Decía que eran buenas.
Yo decidí escribir.

De pequeños íbamos en coche a la playa.
Para no marearnos
nos ponían una aspirina en el ombligo,
sujeta con una tirita o con un trozo de esparadrapo.

Estábamos horas jugando,
volvíamos a casa con quemaduras por el sol.
Mi madre nos frotaba los hombros
con un paño empapado en vinagre.
Había que dejar que actuase sobre la piel.

Igual que el olvido.
Actúa sobre algunas cosas.
Sobre otras no.

Y volver a empezar:
colgar un almanaque en la pared
esperando que suene algún ruido.
O la música.

Raúl Pizarro

ÍNDICE